INDICE

Capítulo 1: Introducción: ¿Por qué convertirse en empresario?

Capítulo 2: La importancia de la pasión

Capítulo 3: Comenzar el negocio de sus sueños

Capítulo 4: Gestión de otros

Capítulo 5: Mantenerse motivado

Capítulo 6: Hacer crecer su negocio

Capítulo 7: Habilidades de comunicación

Capítulo 8: Marketing

Capítulo 9: La mentalidad del emprendedor

Capítulo 1: Introducción: ¿Por qué convertirse en empresario?

Una encuesta reciente encontró que más del 70% de las personas quieren ser algún tipo de emprendedor. Convertirse en emprendedor es un trabajo buscado por muchas razones, incluido el orgullo, el propósito y posiblemente el dinero. Iniciar y administrar su propio negocio en el día a día no es una tarea fácil, pero realmente vale la pena el esfuerzo.

Entonces, ¿por qué debería considerar convertirse en emprendedor?

Hay muchas razones por las que debería considerar dar ese paso gigante y crear su propio negocio. Éstos son solo algunos de ellos:

Autonomía: dirigir su propio negocio le permite estar a cargo de su propio destino. También le ayuda a evitar quedarse atascado en la "rutina diaria" o la "carrera de ratas". Para muchas personas, administrar su propio negocio les permite tener una carrera autosuficiente.

Oportunidad: ser emprendedor te abre un nuevo mundo de oportunidades. Tendrás la oportunidad de hacer lo que quieras en la vida. Esto significa que puede elegir pasar su vida cambiando el mundo para mejor, o puede vivir el tipo de vida que desee. Pocas otras opciones profesionales pueden ofrecer este tipo de oportunidad.

Impacto: muchas personas que trabajan para otras empresas realmente quieren trabajar duro y ayudar a esa empresa a tener éxito, pero pocas son capaces de lograr tal impacto. Cuando maneja su propio negocio, todo lo que haga tendrá un impacto directo en la empresa, lo que puede ser muy gratificante.

Libertad: esta es la respuesta que la mayoría de la gente dará si les pregunta por qué quieren convertirse en emprendedores. Para muchas personas, la idea de hacer lo que quieren y cómo quieren hacer es la razón más convincente para correr el riesgo y dirigir su propio negocio. Es cierto, ¡tener libertad en la vida y en la carrera hace una gran diferencia!

Responsabilidad: cuando maneja su propio negocio, tiene la capacidad de ser responsable ante la sociedad y operar su negocio de la manera en que cree que debe administrarse. Esto es especialmente cierto si tiene el deseo de ayudar a los demás o al mundo en general. Si trabaja para otra persona, es posible que no pueda mejorar el mundo de la manera que desea, pero si usted es el jefe, puede hacerlo.

Ser tu propio jefe: esta es otra respuesta común de por qué muchas personas quieren convertirse en emprendedores. Si eres tu propio jefe, puedes hacer las cosas a tu manera. Puede tomar sus propias decisiones, tomar sus propios riesgos y decidir su propio destino.

Tiempo y familia: dependiendo de sus metas específicas en la vida, convertirse en emprendedor podría darle libertad de tiempo y permitirle pasar más tiempo con su familia.

Creación de un legado: si la idea de forjar un legado duradero es importante para usted, pocas otras carreras le brindan la oportunidad de hacerlo, como operar su propio negocio.

Logro: si tiene metas específicas que le gustaría lograr en su vida, administrar su propio negocio podría ayudarlo a lograrlo.

Control: para muchos propietarios de negocios, la sensación de seguridad que acompaña a la capacidad de controlar su propio trabajo es una de las principales razones para convertirse en emprendedor.

¿Qué se necesita para convertirse en emprendedor?

Hay muchos beneficios de ser emprendedor, pero ciertamente no es una tarea fácil comenzar su propio negocio. Los emprendedores exitosos, es decir, aquellos que pueden lograr sus objetivos, ganarse la vida con éxito a través de su negocio y disfrutar de los muchos beneficios del espíritu emprendedor, todos tienen características específicas. Si está considerando dar el salto y seguir sus sueños de emprendimiento, entonces querrá comprender cuáles son estos rasgos para poder inculcar los mismos rasgos en usted mismo. Esto ayudará a garantizar que pueda lograr sus sueños.

Emprendedores exitosos:

Ten pasion y mucha de ella
- Son tenaces
- Capaz de manejar su miedo a lo desconocido.
- Tener una gran visión
- Creer en ellos mismos
- Son extremadamente flexibles
- Son capaces de desafiar la sabiduría convencional.
- Están dispuestos a correr riesgos en la vida.

Si tiene estos rasgos, o si puede aprender a desarrollar estos rasgos dentro de sí mismo, entonces aumentará su probabilidad de convertirse en un empresario exitoso. Además de estos rasgos de personalidad, todos los empresarios exitosos poseen una cierta cantidad de habilidades.

Algunas habilidades que lo ayudarán a convertirse en un empresario exitoso incluyen:

Enfocar: Dirigir su propio negocio requiere lidiar con una serie de factores en un día determinado. Los dueños de negocios exitosos pueden enfocar su enfoque en el logro de tareas y objetivos específicos en momentos específicos.

Resiliencia: es una habilidad poder resistir los diversos altibajos del negocio sin permitirles que destruyan su enfoque. Los emprendedores verdaderamente exitosos pueden seguir viajando por el camino del éxito incluso cuando el futuro parece sombrío.

Habilidades de gestión: una empresa exitosa requiere las personas adecuadas y los propietarios de negocios exitosos deben saber cómo administrar adecuadamente a estas personas.

Visión a largo plazo: Si bien es fácil concentrarse en lo que la empresa debe hacer en los próximos días o semanas para tener éxito, los emprendedores verdaderamente excepcionales (los que ven el éxito real en sus proyectos comerciales) pueden planificar con años de anticipación.

Arte de vender: Independientemente del tipo de empresa que esté ejecutando, debe poder vender su visión a otros para tener éxito. Los emprendedores deben tener grandes habilidades de ventas, lo quieran o no.

Autosuficiencia: esta es una de las habilidades más importantes que puede poseer cualquier emprendedor. Es vital que el propietario de un negocio confíe en que puede depender de sí mismo.

Autorreflexión: la capacidad de hacer una pausa, reflexionar y aprender es una habilidad muy valiosa para el propietario de la empresa. Los emprendedores deben poder aprender de sus errores y reflexionar sobre lo que han aprendido en la vida.

Aprendiendo: la habilidad de adquirir conocimientos es una que tiene todo empresario exitoso. También es una habilidad que nunca dejan de desarrollar.

Para tener éxito en sus sueños empresariales, debe poder aprender de los demás. La mejor manera de aprender las habilidades de un empresario exitoso es estudiar las habilidades de los empresarios exitosos y luego desarrollar esas habilidades en usted mismo.

Capítulo 2: La importancia de la pasión

La pasión representa uno de los aspectos más importantes para convertirse en un emprendedor exitoso. Sin pasión, su negocio se convertirá en un trabajo más.

1- ¡Elige siempre algo que te apasione!

Sin pasión, y mucha de ella, sus sueños comerciales se perderán en el día a día de administrar un negocio. Eche un vistazo a los diez emprendedores más exitosos y verá que su pasión es la fuerza impulsora número uno detrás de su éxito. No hay forma de escapar de este hecho, ¡simplemente debes ser apasionado para lograr tus objetivos!

Comenzando con un sueño

La mejor manera de iniciar un negocio es tomar lo que le apasiona y encontrar la manera de convertirlo en un negocio. Tienes que empezar con un sueño. Si no tiene pasión por su trabajo, no tendrá la motivación y la energía para seguir superando obstáculos, no estará dispuesto a tomar los riesgos necesarios para tener éxito y no podrá vender su soñar con los demás.

2- Comience con sus sueños y haga crecer su negocio a partir de ahí.

La desafortunada realidad es que una vez que una empresa llega al comienzo de su tercer año, sus posibilidades de sobrevivir disminuyen drásticamente. Solo alrededor del 44% de las empresas viven para ver su cuarto año. Sin la pasión que se deriva de vivir su sueño, no tendrá lo necesario para sobrevivir año tras año. Esto significa que debe comenzar su negocio desde cero utilizando su sueño como base.

Cualquiera que sea su sueño en la vida, necesita encontrar la manera de convertir ese sueño en un negocio. Si la base de su negocio se basa en algo que realmente le apasiona, entonces será mucho más fácil convertir ese sueño en un negocio de gran éxito.

Capítulo 3: Comenzar el negocio de sus sueños

Una vez que haya determinado que tiene los rasgos, las habilidades y la pasión necesarios para convertirse en emprendedor, el siguiente paso será poner en marcha el negocio de sus sueños.

Empezando

Comenzar con el negocio de sus sueños puede ser la parte más fácil del proceso o puede ser la más difícil. Realmente depende de tu situación específica. Algunos aspirantes a empresarios están ansiosos por comenzar, mientras que otros están empantanados por las dudas y la postergación.

3- Evite inventar excusas por las que no debería comenzar su propio negocio.

Una vez que hayas tomado la importante decisión de que sí quieres convertirte en emprendedor, sáltate las excusas y comienza el proceso.

4- Evite las arenas movedizas que se conocen como procrastinación.

Aplazar el proceso de iniciar su negocio por cualquier motivo puede hacer que se quede atascado en el barro. Evite el proceso de procrastinación a toda costa.

5- Haz lo que sea necesario para motivarte a empezar.

La duda, el miedo, la preocupación y la falta de propósito pueden terminar impidiéndote hacer realidad tus sueños. Concéntrese en por qué quiere convertirse en emprendedor (su pasión) y utilícelo para motivarse a dar esos primeros pasos. Los primeros pasos son los más importantes.

6- Desarrolle creencias fundamentales.

Ahora es el momento de desarrollar las creencias fundamentales de su empresa. Esto te ayudará a crear el tipo de empresa adecuado, una que coincida con tu pasión y te motive a seguir siempre adelante. Las creencias fundamentales de su negocio serán un componente importante de la misma, así que asegúrese de que estas creencias sean dignas. También determinarán cómo procederá a tomar decisiones en el futuro y qué dirección tomará el negocio en su vida.

Hacer el cambio de empleado a jefe

Dirigir su propio negocio requiere liderazgo. Para muchos emprendedores nuevos puede resultar difícil cambiar de empleado a gerente o jefe. Hay formas en las que puede prepararse para esta transición. Para las personas que tienen habilidades de liderazgo integradas, esta transición puede ser más fácil, pero cualquier persona con el impulso y la motivación adecuados puede desarrollar habilidades de liderazgo.

7- Aprenda a escuchar.

Un buen jefe sabe escuchar a sus empleados y reconocer las buenas ideas. Para mucha gente, el concepto de ser un buen oyente es difícil de contemplar. Aprender a escuchar probablemente representa uno de los aspectos más difíciles de convertirse en un buen jefe.

8- Invita al pensamiento creativo.

Otro rasgo de un buen jefe es la capacidad de invitar a otros a compartir sus ideas contigo. Querrá crear una atmósfera en la que sus empleados quieran compartir sus ideas con usted de forma regular. Las grandes ideas impulsan las empresas.

9- Aprende a delegar.

Mantener el control de una empresa también puede significar delegar ciertas responsabilidades a otros y los buenos jefes saben cómo hacerlo con éxito.

10- Tómate un tiempo de inactividad para reflexionar.

La responsabilidad de un empleado de aprender de sus errores no es tan grande como la responsabilidad del jefe de hacerlo. Es importante que cualquier jefe se tome el tiempo adecuado para detenerse, pensar y reflexionar sobre lo que ha aprendido. Solo a través de la reflexión puedes aprender verdaderamente de tus errores y evitar repetirlos en el futuro.

11- Espera respeto.

Los jefes requieren respeto. Al hacer la transición de empleado a jefe, es importante esperar respeto de sus subordinados.

12- Gánate el respeto.

Si bien debe estar preparado para esperar respeto de sus empleados, también es vital que esté preparado para ganarse este respeto. Esto se logra mediante la honestidad, la justicia y el respeto.

Manteniendo abiertas sus opciones

La creación de una nueva empresa requiere una planificación detallada. Esto significa crear varias opciones sobre cómo va a administrar su negocio y luego elegir cuál de estas opciones es la mejor para su negocio. Es importante mantener abiertas sus opciones durante todo el proceso de puesta en marcha e incluso durante las operaciones diarias de su negocio para crear un negocio resistente y exitoso.

13- Ejecute muchos pronósticos.

Siempre es una buena idea ejecutar una serie de pronósticos para su negocio. Ejecute los diversos pronósticos de "negocios como de costumbre" y luego agregue otros escenarios. Esto le permitirá pronosticar mejor el futuro de su negocio y crear diferentes opciones para lidiar con estas opciones. Esto es especialmente cierto para iniciar una empresa.

14- Reúna información real del mercado.

Muy pocas empresas terminan realmente siguiendo sus planes comerciales. Los planes cambian todo el tiempo. La mejor manera de crear un plan de negocios valioso y funcional es asegurarse de crearlo utilizando información real del mercado.

15- Comprende tu mercado.

Recopilar información real del mercado para el plan de su empresa significa comprender las tendencias, los clientes, la competencia y las diversas condiciones de marketing de su empresa. Este tipo de información solo se puede recopilar mediante una investigación detallada.

16- Planifica para el fracaso.

Las cosas no siempre irán bien en su negocio. Mantener abiertas sus opciones comerciales significa comprender este hecho y hacer planes para enfrentar las fallas con anticipación.

\# 17- Ocúpate de lo que puedas controlar y deja ir el resto.

Mientras hace planes para lidiar con las fallas en el camino, asegúrese de enfocarse en lidiar solo con las cosas que puede controlar. Obsesionarse constantemente con las cosas que no podrá controlar o intentar averiguar cómo controlar las cosas que simplemente no puede no lo llevará a ninguna parte.

\# 18- Establece metas realistas.

La planificación empresarial se trata de establecer objetivos y luego esforzarse por alcanzarlos. Solo asegúrese de que los objetivos que está estableciendo para su nuevo negocio sean realmente alcanzables para que no esté preparando su negocio para el fracaso.

\# 19- Recuerda tus sueños pero planifica tus metas.

Los sueños son lo que desea lograr con su negocio, pero los objetivos son la forma en que realmente logrará las cosas. Planifique metas específicas como una parte más pequeña del logro de sus sueños.

Elegir un rol empresarial que se adapte a su personalidad

Obviamente, como emprendedor, su función empresarial principal será la de jefe. Pero esta no es la forma más práctica de planificar lo que hará por la empresa en el día a día. Es probable que su empresa tenga más éxito si puede crear un nicho para usted dentro de la empresa que se adapte a su personalidad específica.

20- Determine sus fortalezas y conviértalas en su función comercial.

Si tiene más confianza en un aspecto del negocio, digamos vender sus ideas a otras personas, entonces esa es la mejor manera de ubicarse en el negocio. Juega siempre con tus puntos fuertes. Evite estar a cargo de vender las ideas de la empresa a otros si es un vendedor horrible.

21- Evita hacerlo todo.

Muy pocos empresarios exitosos lo hacen todo ellos mismos. Parte de ser un gran creador de negocios es compartir la carga de la manera más efectiva. Esta será la razón por la que contratará personas competentes y útiles.

Incorporación de profesionales

Dado que no podrá hacer todo lo necesario para crear un negocio exitoso usted mismo, tendrá que traer a otros. A quién elija para ayudarlo a operar su empresa contribuirá en gran medida a determinar qué tan exitosa será. Una de las tareas más importantes que debe dominar cualquier emprendedor es el arte de contratar a los profesionales adecuados para el trabajo. Simplemente no puede permitirse perder tiempo, dinero y resultados contratando a las personas equivocadas.

22- Vea a sus empleados como inversiones.

Todos y cada uno de sus nuevos empleados es una inversión en su empresa. En promedio, el costo de contratar a un mal empleado para una empresa es de entre $ 25 000 y $ 50 000 al año. Agregue capacitación y búsqueda de nuevos empleados y podrá ver lo importante que es asegurarse de obtener el rendimiento adecuado de las inversiones de sus empleados.

23- Contrata lento pero dispara rápido.

Es importante tomarse su tiempo y hacer la investigación adecuada cuando se trata de pasar por el proceso de contratación de un empleado. Esto ayuda a garantizar que contrate a la persona adecuada para el trabajo. Pero prepárate para deshacerte de esa persona lo más rápido posible si no está haciendo ejercicio. Recuerde que los empleados son inversiones y desea deshacerse de las malas inversiones lo antes posible.

24- Busque competencia.

Los empleados valiosos son personas competentes. Tienen las habilidades, la educación y la experiencia para realizar el trabajo. Averigüe qué habilidades necesita y contrate solo a profesionales que puedan demostrar que tienen la competencia para realizar esas habilidades.

25- Verifique la compatibilidad.

Un buen empleado no solo puede hacer su trabajo correctamente, sino que también puede integrarse en su entorno laboral. Querrá encontrar profesionales que sean compatibles con su negocio, sus objetivos y su ética. También desea contratar personas que se lleven bien con sus empleados y clientes.

26- Compromiso de calibre.

Convertir una startup en un negocio exitoso requiere mucho compromiso, tanto de usted como de sus empleados. El empleado adecuado se toma en serio ayudar a la empresa a tener éxito y tiene el compromiso de llevarlo a cabo. Una forma de medir el nivel de compromiso de un empleado potencial es revisar su historial laboral.

27- Elige personas capaces.

Cuando busque un nuevo empleado, querrá saber si la persona es realmente capaz de realizar sus tareas y si es probable que vaya más allá de sus funciones requeridas. Un empleado capaz crecerá con la empresa y asumirá nuevas responsabilidades a medida que sean necesarias.

28- Elija personas que encajen con la cultura de su empresa.

Cada empresa tiene su propia cultura distinta. Se refiere a la forma en que las personas se comunican entre sí, las diferentes expectativas que tienen con respecto al trabajo diario y las distintas políticas de la empresa. Los empleados que no encajan en esta cultura a menudo pueden causar problemas y disminuir la eficiencia. Por lo tanto, siempre es una buena idea contratar personas que encajen bien en la cultura de su empresa.

29- Planifique para compensar adecuadamente.

Es extremadamente importante que un empleado se sienta apreciado y compensado adecuadamente. Si sienten que no se les paga lo que valen, probablemente tendrán un desempeño inferior al de su trabajo. Planifique compensar a los nuevos empleados de acuerdo con lo que valen y asegúrese de que el nuevo empleado esté realmente satisfecho con lo que está dispuesto a ofrecerles.

30- Habla con ex compañeros de trabajo.

Cada candidato le proporcionará referencias, pero es probable que estas referencias solo proporcionen respuestas positivas a sus preguntas. Es posible que deba profundizar un poco más para descubrir los hechos reales sobre un empleado potencial. Por lo tanto, siempre es una buena idea hablar con los ex compañeros de trabajo del candidato, incluidos sus ex jefes.

Capítulo 4: Gestión de otros

Qué tan bien sea capaz de administrar a otras personas determinará si su negocio tiene éxito o no. Esto incluye encontrar el lugar adecuado para usted en las acciones de la empresa y para contratar empleados. Elegir empleados capaces, competentes, compatibles, comprometidos y que encajen en la cultura de su empresa garantizará que se cuiden los aspectos del día a día de su empresa. Prepararse para los desafíos de convertirse en jefe le ayudará a asegurarse de que pueda llevar a la empresa al éxito. Pero los líderes verdaderamente exitosos no se basan únicamente en sus propias habilidades y características. En cambio, se rodean de expertos.

Rodearse de expertos

Los expertos son personas que saben más sobre un aspecto específico de un negocio que usted. Es estúpido tratar de administrar todos los aspectos del negocio usted mismo, como lo es intentar afirmar que es la persona más calificada para hacerlo. Lo mejor que puede hacer para asegurarse de que la gran mayoría de las decisiones de gestión que se toman sean positivas y correctas es rodearse de expertos.

31-Libera tu tiempo.

Cada decisión que toma su equipo de gestión empresarial requiere tiempo y esfuerzo. Debe considerar cuidadosamente todos los pros y los contras y cómo una decisión en particular afectará a su empresa y su resultado final. Cuanto más confíe en los expertos para que lo ayuden con esta investigación, más tiempo tendrá para administrar las otras partes de su empresa.

32- Elija expertos en nichos específicos.

El propósito de contratar expertos es utilizar el conocimiento y las habilidades de otras personas para realizar ciertas tareas mejor de lo que podría hacerlo por su cuenta. Por tanto, tiene sentido elegir expertos en nichos muy específicos. Por ejemplo, uno de sus gerentes podría ser un experto en finanzas, mientras que otro es un genio del marketing. De esta manera, no tienes que ser un maestro en ninguna de estas cosas para sobresalir en ellas.

33- Reconoce tus propias debilidades.

La mejor manera de contratar a los mejores expertos es comprender dónde necesita la experiencia de otras personas. Esto significa que debe comprender dónde es más débil su conocimiento.

34- Elija expertos para cumplir con la visión general de su negocio.

Si puede encontrar expertos en nichos específicos que se comprometan con la misma visión general de la empresa, es probable que su empresa experimente un crecimiento sostenido.

Ser un líder positivo

Ser líder es difícil y requiere muchos rasgos y habilidades. El más importante de ellos es una actitud positiva. Tu actitud mental determinará cómo experimentas cada aspecto de tu vida, incluida la forma en que manejas tu negocio. También tendrá una tremenda influencia en cómo actúa como líder y qué tan bien puede influir en sus empleados. Aunque mantener una actitud positiva a diario puede ser algo complicado, es uno de los aspectos más importantes de ser un buen líder y tendrá muchos efectos positivos en su negocio.

35- Sonríe mucho.

Una de las formas más sencillas de mantener una actitud mental positiva a diario es simplemente sonreír mucho en la oficina. Cuando sonríe, hace sonreír a otras personas y, en general, muestra una actitud feliz y positiva que los demás imitarán.

36- Encuentra cosas buenas para decirle a otras personas.

A las personas les gustan los cumplidos y el simple hecho de decirle algo agradable a alguien puede ser de gran ayuda para cambiar su actitud y su desempeño. Cuanto más trabajes para encontrar cosas agradables que decir sobre las personas, más fácil será pensar en cosas.

37- Una actitud positiva aumentará la productividad.

Los trabajadores felices son trabajadores productivos. Cuanto más felices y adaptados estén sus empleados, más duro trabajarán y más productiva será su empresa.

38- No necesitas ser optimista de manera irreal.

Mantener una actitud positiva día tras día puede ser muy difícil, especialmente cuando el estrés y las tensiones de la vida cotidiana se interponen. Sus empleados lo mirarán durante los tiempos difíciles y actuarán como usted. Si eres positivo y optimista, ellos también lo serán. Dicho esto, no es necesario ser optimista todo el tiempo, de lo contrario, puede parecer falso. Incluso en los momentos más difíciles, un simple cambio en la percepción o el reconocimiento de algo positivo puede marcar una gran diferencia.

39- Enfócate solo en las cosas que puedes cambiar.

Una vez más, no tiene sentido intentar cambiar cosas que están fuera de su control. Concéntrese en alterar solo las cosas que están a su alcance para cambiar y trabaje en cómo percibe las cosas que no puede cambiar.

40- Dé crédito a quien se lo merezca.

Una de las mejores cosas que puede hacer para crear un ambiente de trabajo positivo es dar crédito a sus empleados cuando es debido. Nadie puede hacerlo todo por sí mismo, así que cuando a la empresa le va bien es por el arduo trabajo de todos los empleados. Dar crédito cuando se lo merece aumentará la moral de los trabajadores y los alentará a continuar con el buen trabajo.

41- Siempre que sea posible, dé crédito frente a los demás.

Cuando le dé crédito a un empleado por su arduo trabajo, trate de decirle cosas positivas frente a otros empleados e incluso a los clientes. Esto aumenta el elogio para el empleado y muestra una actitud positiva para que otras personas la vean. También aumenta la imagen de que eres un líder positivo.

42- Capacite a sus empleados permitiéndoles tomar sus propias decisiones.

Decidió contratar a sus empleados debido a sus diversas habilidades y características. Ahora es el momento de empoderarlos para que hagan su trabajo confiando en ellos para que tomen sus propias decisiones.

Cree que están haciendo todo lo posible para ayudar a la empresa a lograr sus objetivos y dejar que ellos hagan su trabajo.

43- No adivine las decisiones de sus empleados.

Incluso si una decisión específica resulta ser incorrecta, nunca es una buena idea adivinarla. A nadie le gusta que lo cuestionen y eso arruinará la confianza que ha creado con sus empleados. En lugar de asegurar constantemente las decisiones de sus trabajadores, escúchelas. Pregunte por qué tomaron una decisión en particular dadas las circunstancias y utilícela como una oportunidad de capacitación.

44- Trate cualquier problema de manera directa y honesta.

La mejor manera de lidiar con cualquier problema con sus empleados es ser directo y honesto. No necesitas aplastar el ánimo de alguien, ni tienes que llenarlo de cumplidos o endulzarlo. La honestidad directa le dará mucho más respeto y le ayudará a lidiar con el problema de manera más eficaz.

45- Nunca reprenda a un empleado frente a otros.

A veces, ser un jefe significa que tienes que 'ser el malo' y reprender a un empleado. Además de ser directo y honesto con tus reprimendas, asegúrate de hacerlo en privado. Su empleado respetará eso y ayudará a mantener una actitud positiva en la oficina.

46- Haz cosas agradables para tus empleados a veces.

Las acciones definitivamente hablan más que las palabras. De vez en cuando, demuestre a sus trabajadores que realmente los aprecia haciendo algo bueno por ellos. El solo hecho de hacer un esfuerzo adicional de vez en cuando puede marcar una gran diferencia.

Entender de dónde proviene el conflicto

Siempre que cree un grupo de personas y haga que trabajen juntas, pueden surgir conflictos. El conflicto nunca es algo bueno en un entorno de trabajo profesional. Puede afectar negativamente la moral y la productividad de su equipo y, por lo tanto, su resultado final. Una de las mejores cosas que puede hacer como líder es comprender de dónde proviene ese conflicto. Una vez que comprenda su origen, puede deshacerse de él.

47- El conflicto no tiene por qué ser necesariamente algo malo.

Por supuesto, el conflicto es malo para los negocios, pero no necesariamente tiene que ser lo peor del mundo. El conflicto puede desafiar la forma de pensar de la gente y crear nuevas ideas una vez que se resuelve. Una vez que se resuelve y supera un conflicto entre dos personas, a menudo aumenta el nivel de confianza y respeto entre esas dos personas.

#48- La falta de conflicto puede representar complacencia.

La cantidad adecuada de conflicto en el lugar de trabajo significa que la empresa está creciendo y pensando. Una falta total de conflicto puede significar complacencia.

#49- Identifique la causa subyacente del conflicto.

La mejor manera de identificar la causa subyacente del conflicto en su oficina es ser directo y honesto con sus empleados. Hágales preguntas. Esté preparado para resolver el problema de inmediato.

#50- Céntrese en los aspectos positivos del conflicto.

Usted sabe que los aspectos positivos, como una mayor confianza y respeto, pueden surgir de conflictos resueltos, así que haga todo lo posible por concentrarse en estos posibles aspectos positivos cuando trate con sus empleados y sus problemas.

#51- Permita que los empleados resuelvan sus propios problemas sin su intervención.

Es su trabajo intervenir cuando un empleado maltrata a otro trabajador o no hace su trabajo correctamente, pero usted, como jefe, no necesariamente tiene que involucrarse en todas las disputas de los empleados. En muchos casos, el mejor curso de acción es permitir que los empleados resuelvan sus propios problemas. Hágales saber a sus trabajadores que un entorno de trabajo profesional es necesario y, si bien no tienen que ser amigos, sí tienen que ser profesionales.

#52- Conozca a sus empleados para comprender de dónde proviene el conflicto.

Hay mucho que saber sobre sus empleados. Debe tomarse el tiempo y esforzarse para conocer realmente a sus trabajadores, incluidas sus fortalezas y debilidades. Esto le ayudará a comprender el origen de la mayoría de los tipos de conflictos que surgen a su alrededor y le dará las respuestas para resolver el problema.

Habilidades de escuchar

Desarrollar sus habilidades para escuchar es una de las cosas más importantes que puede hacer para convertirse en un buen líder y jefe. Sus empleados son una parte valiosa de su organización y merecen ser escuchados. No solo tomarse el tiempo para escuchar realmente a sus trabajadores mejorará su moral y cómo piensan en usted como jefe, sino que también lo ayudará a comprender mejor lo que realmente está sucediendo en su negocio. Escuchar también puede abrir nuevas puertas e ideas, lo que aumentará la productividad.

53- Deja que la gente termine de hablar antes de que empieces a hablar.

Esta es una forma simple pero efectiva de mejorar sus habilidades auditivas. Simplemente deje que la persona termine su punto antes de intervenir. Trate de no pensar en objeciones a sus puntos mientras hablan y no asuma que sabe lo que van a decir antes de que lo digan.

54- Reconozca los puntos de la otra persona.

No tienes que estar de acuerdo con sus puntos, pero al menos debes reconocer que los entiendes. Repita las principales preocupaciones de la persona en sus propias palabras después de que haya terminado de hablar para reconocer que realmente la ha escuchado y comprendido.

55- A veces solo escuchar puede ser suficiente.

En algunos casos, es posible que no tenga que realizar ninguna acción para resolver el problema de la persona. A veces, simplemente escuchar sus problemas y reconocer que los comprende puede ser suficiente. Escuchar a un empleado a menudo puede ayudarlo a sentirse empoderado y significativo, lo que puede terminar solucionando el problema por sí solo.

56- Hágales saber a sus empleados que está disponible.

Ser un buen oyente también significa asegurarse de que la gente sepa que usted es accesible. Asegúrese de que sus empleados sepan que está dispuesto a escucharlos cuando sea necesario y que está disponible para hacerlo.

57- Recuerda que tus empleados son personas.

Siempre es una buena idea recordar que sus empleados son personas y que tendrán días malos y sus propios problemas. Por supuesto, es responsabilidad del empleado lidiar con sus propios problemas personales fuera del trabajo, pero nunca está de más recordar que, de hecho, son humanos. Sus empleados no son solo engranajes en la rueda de su negocio, en realidad son el corazón y el alma de su empresa y merecen ser tratados como tales.

Capítulo 5: Mantenerse motivado

Una actitud positiva y mucha pasión son absolutamente necesarias para llevar un negocio exitoso a largo plazo. Tu pasión y sueño serán tu motivación durante este proceso. Sin embargo, los altibajos diarios de administrar un negocio, junto con el paso en falso ocasional, a menudo disminuirán su motivación. Esto puede tener graves consecuencias. Sin una motivación adecuada y duradera, se reducirán las probabilidades de que su negocio sobreviva en los años venideros. La buena noticia es que hay muchas cosas que puede hacer para ayudar a mantener su propia motivación y ayudar a motivar a su personal.

Pensamientos positivos

Una vez más, gran parte de la gestión de su propio negocio se reduce a pensamientos positivos. Mantener una actitud positiva y cambiar tu forma de pensar sobre la vida puede ayudarte a mantenerte motivado durante los momentos difíciles.

58- Busque apoyo.

Ser emprendedor es un trabajo difícil. A veces puede ser útil llegar a otras personas, especialmente si también son emprendedores. Buscar el apoyo de otras personas que enfrentan desafíos similares puede ayudarlo a mantener su motivación y encontrar nuevas formas innovadoras de resolver sus problemas. El apoyo de otras personas también puede ayudarte a divertirte un poco y recordar por qué querías ser emprendedor en primer lugar.

59- Cree en tu capacidad para lograr tus sueños.

Independientemente de cómo logre esto, es importante que reponga su fe en sí mismo de forma regular. Algunas personas logran esto creando un muro de motivación, mientras que otras tienen reuniones periódicas con un mentor o un entrenador de vida. Incluso tomarse unos minutos cada día para decirse a sí mismo que tiene lo que se necesita para tener éxito puede motivarlo a seguir adelante.

60- Aléjate del trabajo por un tiempo.

Toda mente necesita un poco de descanso. Es importante alejarse de su negocio y su mentalidad emprendedora de vez en cuando, simplemente para permitir que su cerebro descanse y se recupere. Este es un buen momento para dedicarse a un pasatiempo y hacer algo de ejercicio. El ejercicio es vital para una mente sana y si se toma un tiempo para relajarse y refrescarse, descubrirá que puede volver al trabajo con más motivación.

Aprender a administrar su tiempo

Administrar adecuadamente su tiempo lo ayudará no solo a ser más productivo, sino que también lo ayudará a garantizar que permanezca motivado. Todo emprendedor exitoso tiene buenas habilidades para administrar el tiempo.

61- Olvídate de la 'hora del reloj'.

La sabiduría tradicional de la administración del tiempo está diseñada para ayudarlo a administrar su "tiempo de reloj", o los minutos reales en el reloj. Sin embargo, esta no es realmente la forma en que pasa el día. Es posible que desee considerar olvidarse de la "hora del reloj" y concentrarse en el tiempo real. El tiempo real es cuánto de su día dedica a cada actividad, tanto en el trabajo como en casa. El tiempo real es relativo.

62- Elija cuánto tiempo quiere dedicar a cosas específicas.

Dado que el tiempo real es relevante, tiene el poder de elegir cuánto de su tiempo dedica a actividades específicas. Como propietario de un negocio, es posible que no pueda detener las interrupciones y los problemas, pero puede elegir cuánto tiempo desea dedicar a solucionarlos. Decida cuánto tiempo quiere dedicar a pensar en cosas, conversar sobre cosas y actuar sobre las cosas, luego haga coincidir el tiempo disponible de manera apropiada.

Trabajar cuando eres más productivo

Parte de aprender a administrar mejor su tiempo significa aprender a organizar sus esfuerzos para que esté trabajando cuando es probable que sea más productivo. Este proceso ayuda a eliminar el tiempo perdido, o cuando está trabajando pero no es particularmente productivo.

63- Registre sus actividades durante una semana.

Para aprender a trabajar cuando es más productivo, puede comenzar llevando un libro de horarios y registrando todos sus pensamientos, conversaciones y acciones durante un período de una semana. Esto le dará una idea clara de cuánto tiempo dedica a cada actividad, lo que le permitirá determinar qué actividades son productivas y cuáles no.

64- Crea un horario solo para las actividades más productivas.

Una vez que comprenda qué actividades son productivas y cuáles están desperdiciando su tiempo, puede asegurarse de que solo programe su tiempo en torno a las actividades productivas. Cree bloques de tiempo para usted mismo para actividades que sean de alta prioridad y asegúrese de determinar cuánto tiempo es apropiado dedicar a cada actividad.

65- Ten disciplina.

Una vez que comprenda dónde y cuándo está gastando su tiempo, tanto en actividades productivas como improductivas, tenga suficiente disciplina para programar adecuadamente su tiempo.

66- Planifica tu día.

Tómese unos 30 minutos al comienzo de cada día para hacer planes detallados de lo que planea hacer y lo que planea lograr. Asegúrese de planificar al menos el 50% de su tiempo diario para sus actividades más productivas. También planifique las interrupciones o los momentos en los que lo alejarán de su trabajo. Decida lo que quiere lograr antes de cada reunión o llamada telefónica para que cada una sea más productiva.

67- No tengas miedo del letrero de 'no molestar'.

Debe haber una parte de su día en la que realmente necesite hacer el trabajo y un letrero de 'no molestar' puede ayudar a garantizar que realmente pueda hacer el trabajo.

68- Esté atento a las distracciones.

Su teléfono celular, los servicios de redes sociales y los servicios de correo electrónico son excelentes formas de mantenerse en contacto con empleados y clientes, pero también distraen enormemente. Planifique algo de tiempo para responder sus correos electrónicos, mensajes de texto y llamadas, pero evite responder un mensaje de texto o una llamada solo porque está entrando. Comunicarse constantemente es una pérdida de su valioso tiempo. Comprenda cuándo un mensaje de texto o una llamada son fundamentales para los negocios y cuándo no lo son tanto.

69- Recuerda que no todo se hará.

Es simplemente imposible hacer todo lo que desea. Nunca lo logrará todo y se volverá loco si lo intenta. También recuerde que aproximadamente el 80% de los resultados que produce se obtienen con aproximadamente el 20% de su tiempo. Si aprende a trabajar cuando es más productivo y aprovecha al máximo su tiempo productivo, podrá completar lo que realmente necesita hacer.

Consejos para mantener la motivación

Hay otras cosas que puede hacer para asegurarse de mantenerse motivado para seguir trabajando hacia el éxito a diario.

\# 70- Altera tu rutina.

Las rutinas a menudo se convierten en deprimentes recordatorios de la rutina diaria. Al modificar su rutina, incluso en lo más mínimo, es posible que pueda crear una sensación nueva y fresca. Esto podría significar tener una reunión al aire libre o en una cafetería. Cualquier cosa que represente algo diferente a su vida diaria puede tener un efecto muy refrescante para usted y sus empleados.

\# 71- Muévete.

Este puede parecer simple, y eso es porque lo es. Pero caminar o moverse con frecuencia puede ayudar a interrumpir el día y mantenerlo motivado. También es mejor para su salud física y mental moverse cada 30 minutos aproximadamente.

72- Ofrezca incentivos para la productividad.

Ofrecer incentivos para usted y sus empleados a cambio de alcanzar ciertas metas ayuda con la motivación. Los incentivos son formas divertidas de mantener a todos enfocados en la empresa y sus objetivos. Estos incentivos no tienen que estar relacionados con el dinero. Pueden ser cosas divertidas como almuerzos, masajes, premios, promociones e incluso viajes. Incluso el incentivo más pequeño puede tener un gran efecto.

73- Conozca más sobre su mercado.

La expansión constante de su conocimiento sobre el mercado de su empresa ayudará a impulsar nuevas ideas y nuevos conceptos. Esto, a su vez, lo mantendrá motivado para expandir su empresa y mantenerse al día con las tendencias modernas del negocio. Esto ayudará a que su negocio siempre se mueva en la dirección correcta y le permitirá comprender mejor lo que quieren sus clientes.

74- Siempre hay un mañana.

Como emprendedor, habrá días en los que no lo harás bien. Es importante recordar que siempre existe el mañana. Piense en el mañana como un momento para hacerlo bien y tener éxito. Entonces, si hoy no va bien, siempre existe la posibilidad de que mañana sea increíble.

75- Intenta divertirte.

Agregar un poco de diversión a su vida diaria hará que sus tareas diarias sean más agradables y fáciles de realizar.

76- Trate el proceso de motivación como una tarea diaria.

Cada empresa tiene tareas diarias y semanales que deben completarse para que la empresa pueda permanecer operativa. Esto incluye el proceso de motivarse a sí mismo y a sus trabajadores, así que asegúrese de tratarlo como tal. Encontrar formas de mantenerse motivado es esencial para mantener su empresa operativa, así que haga que este proceso forme parte de sus tareas diarias.

Capítulo 6: Hacer crecer su negocio

Si su negocio no está creciendo, entonces está fallando. Si no avanza, entonces se mueve hacia atrás. Una vez que cuente con las personas adecuadas y haya desarrollado una buena base de clientes, su empresa debería centrarse en el crecimiento continuo. Hay muchas formas de promover el crecimiento de su empresa y los detalles se basarán en su negocio en particular. Por ejemplo, el crecimiento de un negocio minorista puede significar la apertura de una nueva tienda o el desarrollo de una nueva línea de productos. El crecimiento de una empresa de TI podría consistir en comprar o desarrollar un nuevo sistema. Independientemente de lo que haga su empresa, debe encontrar formas de expandirla. Esto va más allá de simplemente encontrar formas de ganar más dinero.

Creación de relaciones comerciales sólidas

Crear relaciones comerciales sólidas es la base del crecimiento de su negocio. Los clientes, los clientes, los proveedores y los socios comerciales son la sangre vital del crecimiento de su empresa. Simplemente no puede seguir adelante en el camino hacia el éxito sin estos ayudantes, lo que significa que debe desarrollar relaciones duraderas y significativas con ellos. Estas relaciones se basan en la confianza y la honestidad.

77- Comunícate con frecuencia.

La comunicación entre sus contactos comerciales es extremadamente importante. Esto es especialmente cierto para sus clientes y proveedores. Estos contactos dependen de que usted les diga lo que está sucediendo, lo que incluye informarles sobre cualquier problema que esté experimentando. La comunicación debe ser una de las principales prioridades de sus relaciones comerciales.

78- Cumplir con los plazos.

Cuando un cliente trata con su negocio, espera que usted cumpla su parte del trato y cumpla sus promesas. Esto ciertamente significa cumplir con sus plazos. Cuando promete algo a un cliente o proveedor, quiere que ellos consideren su palabra como su vínculo. No tener que preocuparse de que su empresa cumpla con sus requisitos genera confianza en los clientes.

79- Intenta evitar sorpresas.

A los clientes y clientes generalmente no les gustan las sorpresas; especialmente si el servicio que brinda su empresa tiene un vínculo directo con su sustento. Si bien es posible que no pueda evitar que sucedan cosas no deseadas, ser honesto con sus clientes y mantener la comunicación con ellos sobre lo que está sucediendo puede ayudarlo a eliminar las sorpresas no deseadas.

Siendo honesto

No se puede exagerar el valor de ser un negocio honesto. Su empresa crecerá más rápido y llegará más lejos si se basa en principios honestos y éticos. Es importante luchar por la honestidad en todo momento y en todos los niveles de su negocio.

80- La honestidad hará que sus clientes regresen.

Ninguna relación comercial puede durar si no se basa en la honestidad. Ser honesto con sus clientes y los clientes les ayudará a querer seguir brindándole su negocio. La honestidad genera confianza y esto puede crear una reputación comercial que lo ayudará a crecer y a conseguir más clientes.

Debe ser honesto con todos los que tienen que ver con su negocio, no solo con sus clientes y clientes. Debe ser honesto con sus empleados, sus proveedores, sus inversores y todos los demás. Esto significa no inventar mentiras para cubrir su propia base, reconocer sus propios errores y reconocer el estado de la empresa a sus empleados e inversores. Nuevamente, este tipo de honestidad crea lealtad.

81- Sea honesto consigo mismo.

No olvides ser honesto contigo mismo también. Esta puede ser la forma más brutal de honestidad y una de las cosas más difíciles que puede hacer. Ser honesto consigo mismo con respecto a lo que realmente quiere de su negocio y los objetivos que realmente busca lograr es extremadamente importante. Mentirse a sí mismo, incluso en pequeñas formas, puede terminar haciendo que comprometa su negocio, su ética y sus principios, lo que puede significar un desastre.

82- Sea honesto sobre el crecimiento.

Tampoco intente hacer crecer su negocio demasiado rápido. Siempre existe la idea de que una empresa debería crecer lo más rápido posible, pero este concepto a menudo puede generar problemas. El crecimiento empresarial sostenido proviene de una estrategia clara y detallada. También proviene de tener listos los sistemas y procesos adecuados para hacer frente a este nuevo crecimiento. No se concentre en todo a la vez. Preste atención a los recursos necesarios para sostener este crecimiento, ya que muchas empresas pequeñas simplemente no tienen acceso a los recursos adecuados y pueden meterse en problemas.

Capítulo 7: Habilidades de comunicación

Como ya sabe, la comunicación es vital tanto para el crecimiento de su negocio como para que su empresa pueda mantener su crecimiento. La comunicación también es importante para desarrollar la confianza con sus socios comerciales y con sus empleados. Las buenas habilidades de comunicación pueden ayudarlo a motivar a los empleados, impulsar el cambio, reparar conflictos y convertirse en un mejor líder. Las habilidades para escuchar son extremadamente importantes para realizar estas tareas, pero existen otras habilidades de comunicación que todos los emprendedores deben tener.

Mejores formas de comunicarse

Si bien es probable que sea bastante bueno comunicándose con otras personas, existen algunas formas mejores de comunicarse cuando se trata de administrar un negocio. Estas son habilidades evolutivas, lo que significa que las desarrolla con el tiempo como resultado de sus experiencias. Conocer algunas de estas habilidades de antemano le ayudará a incorporarlas a su vida empresarial antes.

83- Las buenas habilidades de comunicación te permiten influir en los demás.

La capacidad de influir en los demás es vital para cualquier emprendedor. Deberá vender a sus empleados los principios y objetivos de su empresa si desea que se unan. Tendrá que convencer a los inversores y socios comerciales para que se arriesguen y respalden sus ideas comerciales. Tendrá que influir en sus clientes a través del marketing y la publicidad. Para transmitir su punto de vista y lograr su objetivo de influir en los demás, debe poder comunicar bien sus ideas a través de discusiones y ofrecer explicaciones claras de sus pensamientos.

84- Aprenda a manejar bien las preguntas.

Como jefe y líder tendrás que responder miles de preguntas. Algunas de estas preguntas serán sencillas mientras que otras determinarán el éxito de su empresa. Es su trabajo responder a estas preguntas con argumentos convincentes utilizando el arte de hablar bien. Tus palabras no solo deben responder a la pregunta, también deben transmitir tu significado, deseos y principios al mismo tiempo. Si te tomas el tiempo para aprender el arte, y es un arte, de manejar bien las preguntas ahora, tendrá un impacto positivo en tu carrera para siempre.

85- Mantener la atención de la audiencia.

Todas las habilidades para hablar en el mundo no lo ayudarán a transmitir su punto si no puede mantener la atención de su audiencia. Aprender a captar la atención de sus oyentes es vital, especialmente en el entorno laboral. Para dominar esta habilidad, debe aprender a leer a su audiencia, cómo proyectar su voz de una manera agradable y llamativa y cómo administrar su tiempo de conversación. Si no puede hacer que la gente le preste atención, será difícil lograr que lo sigan al éxito.

Cómo crear un diálogo

Además de utilizar sus habilidades de comunicación para motivar y convencer a otros, también puede utilizarlas para capturar nuevas ideas, incentivos y conceptos y utilizarlos en su beneficio. La mejor forma de lograrlo es crear un cuadro de diálogo. Este diálogo puede ser entre sus gerentes, empleados, compañeros, clientes e incluso sus competidores. Aprender a entablar un diálogo es otra gran habilidad de comunicación que todo emprendedor debería tener.

86- Mantenga interacciones cara a cara.

Reunir a sus empleados para interacciones cara a cara es una excelente manera de entablar un diálogo y hacer que fluyan los jugos creativos. Las interacciones cara a cara fomentan la lluvia de ideas y el intercambio de ideas de una manera que las conversaciones telefónicas y por correo electrónico simplemente no pueden.

87- Proporcione vías para que sus empleados se comuniquen.

Si desea fomentar el diálogo entre sus empleados, es fundamental que les proporcione una forma de hacerlo. Debe darles a sus empleados una forma de ofrecer sus sugerencias e ideas.

88- Asegúrese de que usted y su equipo de gestión sean accesibles.

Todas las vías de comunicación que brinde a sus empleados serán inútiles si sienten que no pueden acercarse a usted o al resto de su equipo de administración. Utilice sus habilidades de comunicación, sus acciones y su actitud positiva para mostrar a sus empleados que pueden acudir a usted con sus ideas y comentarios. Sus empleados acudirán a usted si se lo permite.

89- Actúa de acuerdo con lo que escuchas.

Si sus empleados ven que está dispuesto a poner en práctica sus ideas y sugerencias, será más probable que las compartan con usted. Además, fomentar el diálogo entre sus trabajadores lo ayudará a desarrollar conceptos e ideas que quizás nunca antes había considerado. Es posible que estas ideas revolucionarias nunca se le hayan ocurrido si no fomentara el diálogo con sus empleados.

Capítulo 8: Marketing

Como emprendedor, dominarás muchas habilidades, incluidas las de gestión, comunicación y toma de decisiones. Uno de los aspectos más importantes que todos los propietarios de empresas deben comprender es el marketing. Así será como venderá su negocio a sus clientes y, por lo tanto, representará cómo generará beneficios para su negocio. Hay mucho que entender sobre marketing y muchas formas de cometer errores. Todos los emprendedores exitosos han dominado el arte de comercializar ellos mismos y su empresa.

Crear un plan de marketing

Las empresas que tienen éxito en el marketing por sí mismas inician el proceso creando un plan de marketing detallado. El tamaño y el alcance del plan de marketing de su empresa estarán determinados por varios factores, incluido el tamaño de su empresa y la cantidad de clientes potenciales a los que intentará llegar. Es una buena idea crear su plan de marketing y luego consultarlo mensualmente para asegurarse de que todavía está bien encaminado. Muchas cosas pueden cambiar para una empresa a medida que avanza el año.

90- El plan de marketing de su empresa debe cubrir un año.

La cantidad de tiempo ideal para planificar el marketing con anticipación, especialmente si tiene una pequeña empresa o una empresa nueva, es de un año. Hay muchas cosas que cubrir dentro de un año. Su negocio ganará y perderá empleados, el mercado evolucionará y su base de clientes (con suerte) crecerá. Esto representa mucho tiempo y factores a considerar. Una vez que su negocio se desarrolle y crezca, puede cambiar a un plan de marketing que cubra un período de tiempo de dos a tres años por adelantado.

El proceso de creación de su plan de marketing será la parte más difícil. De hecho, implementar el plan será más fácil que crearlo. Espere que el proceso de desarrollo de un plan de marketing lleve varios meses. El plan debe crearse utilizando su campo de expertos contratados, incluidas personas de sus departamentos de finanzas, suministro, administración y personal. No olvide contratar a un experto en marketing o expertos para que lo ayuden. Asegúrese de incluir la opinión de todos sus expertos para asegurarse de que no se pierda nada.

Su plan de marketing tendrá varios beneficios para su empresa, que incluyen:

Dar a sus empleados algo para apoyar: el plan de marketing muestra a sus empleados lo que la empresa va a lograr y cómo va a lograr estas cosas. Esto puede dar a cada empleado un sentido de equipo y un propósito para unirse.

- *Proporcionar un conjunto de instrucciones a seguir:* un plan de marketing es como un conjunto de instrucciones. Pronostica un plan paso a paso de cómo la empresa planea tener éxito, lo que les da a sus empleados algo a seguir.

- *Permitir que los nuevos empleados se incorporen rápidamente*: a medida que su empresa crezca y cambie, incorporará nuevos empleados. El plan de marketing de la empresa definirá claramente cuáles serán las metas y los logros de la empresa, lo que ayudará a los nuevos empleados a incorporarse y estar preparados para contribuir mucho más rápido.

Tipos de campañas de marketing

Hay muchos tipos diferentes de campañas de marketing y la forma en que decida comercializar su negocio dependerá en gran medida de sus factores individuales. Sin embargo, existen varios tipos importantes de campañas de marketing a considerar, y puede optar por implementar varios de estos tipos de campañas simultáneamente. Algunos de los diferentes tipos de marketing incluyen:

Publicidad impresa: esto incluye técnicas publicitarias como revistas, periódicos y folletos. Estos le permiten hacer llegar su marca o información publicitaria a lectores específicos y estos esfuerzos de marketing generalmente deben crearse con meses de anticipación.

- *TV y Radio*: los anuncios de televisión y radio pueden utilizarse para llegar a una cantidad extraordinariamente grande de clientes potenciales en cualquier momento. Estas son formas de marketing efectivas pero costosas.
- *Correo directo*: estas campañas se centran en folletos, postales y volantes que se envían a los clientes a través de su correo.

Esta técnica está bastante desactualizada, pero todavía tiene algún propósito.

- *Mercadeo en línea*: el marketing online es probablemente el tipo de marketing más rentable y útil del mundo actual. Estas técnicas pueden abarcar sitios web, marketing por correo electrónico, SEO o marketing orgánico en buscadores y redes sociales.

Su equipo de marketing tendrá que considerar cuidadosamente una serie de factores cuando elabore el plan de marketing de su empresa, incluido su producto o servicio, a quién está tratando de llegar, qué mensaje está tratando de enviar y cuánto dinero está dispuesto a invertir. gastar para gastar en marketing.

91- Haz tu investigación de mercado.

La investigación de su mercado será la columna vertebral de cómo crear su plan de marketing y cómo mejorarlo. La falta de una buena investigación de mercado hará que pierda clientes y ventas potenciales. Hay muchas formas de realizar investigaciones de mercado, que incluyen, entre otras, encuestas, grupos focales y búsquedas en Internet.

92- Determina tu público objetivo con anticipación.

Para desarrollar una forma eficaz de comercializar al público objetivo de su empresa, primero debe saber quién es este público. Esto le ayudará a encontrar las mejores formas de llegar a ellos. Descubra todo lo que pueda sobre sus clientes objetivo para que pueda descubrir cómo llegar directamente a ellos en el futuro.

93- Defina claramente sus recursos.

No puede crear un plan de marketing detallado para su empresa si no sabe con qué recursos tiene que trabajar su empresa primero. Por lo tanto, es una buena idea definir claramente con qué recursos tiene su empresa para trabajar. Estos recursos pueden incluir cuánto dinero puede dedicar al marketing, cuánto personal puede utilizar y qué tácticas están disponibles para usted.

94- Asegúrese de que su plan de marketing sea flexible.

La flexibilidad es un rasgo importante que debe tener toda empresa, porque el mundo empresarial actual está en constante cambio. Esto es especialmente cierto en su plan de marketing. Los mercados y los clientes cambian constantemente y es vital para su empresa poder cambiar con ellos. Asegúrese de que su plan de marketing tenga en cuenta estos cambios y esté siempre listo para cambiar con los tiempos.

Clientes existentes versus nuevos

Uno de sus trabajos más importantes como nuevo emprendedor será encontrar nuevos clientes a través de su plan de marketing para ayudar a que su negocio crezca. Una vez que su negocio esté completamente desarrollado, continuará esta búsqueda. Las empresas que se están expandiendo dedican gran parte de su tiempo y recursos a la búsqueda de nuevos clientes y, debido a esto, a menudo pasan por alto un factor muy importante. Este factor es la retención de clientes existentes.

Sus clientes actuales son una parte extremadamente valiosa de su negocio. Le han ayudado a alcanzar el éxito hasta ahora y son dignos de su lealtad. El hecho es que a su empresa le costará menos dinero retener a sus clientes leales que salir y encontrar nuevos clientes. Esto no significa que no deba gastar recursos para generar nueva clientela, pero sí significa que una parte importante de su plan de marketing debe basarse en mantener a los clientes que ya tiene. La empresa promedio verá un crecimiento anual del 3% si puede retener a todos sus clientes existentes durante un mes más al año. Hay muchas formas de trabajar para retener a sus clientes existentes.

95- Parte de su plan de marketing debe incluir el servicio al cliente.

Una de las mejores formas de retener a sus clientes actuales es asegurarse de que se sientan apreciados y felices con su negocio. El servicio al cliente y los beneficios deben incluirse como parte de su plan de marketing, especialmente porque cuestan menos que el marketing para los nuevos clientes.

96- Nunca asuma que sus clientes se quedarán.

Es cierto que a la mayoría de las personas les gusta ceder su negocio a empresas que les gustan y en las que confían. Si brinda una buena experiencia a sus clientes, es probable que regresen la próxima vez. Es bueno saberlo, pero nunca asuma que sus clientes volverán automáticamente a usted. Hay muchas razones por las que un cliente puede optar por ceder su negocio a otra persona. Quizás la otra empresa tiene precios más bajos, ha abierto una tienda más cercana o está ofreciendo mejores servicios. Recuerde que, en promedio, los clientes habituales gastarán aproximadamente un 33% más de dinero en su negocio que un nuevo cliente.

97- Sea sincero con sus clientes.

La relación que tiene con sus clientes existentes contribuirá en gran medida a determinar si seguirán siendo sus clientes. La gente sabe muy bien cuándo una empresa actúa de forma poco sincera. Considere la retención a largo plazo de sus clientes existentes como una meta digna y sea muy sincero en sus esfuerzos. Esto significa nutrir sus relaciones actuales y hacer todo lo posible para que cada transacción e interacción sea lo más positiva posible.

Estrategias online

Las estrategias de marketing online representan una de las formas de marketing más rentables, especialmente para empresas que son relativamente pequeñas. Hay muchas formas de marketing en línea, incluido el marketing por correo electrónico, las técnicas de optimización de motores de búsqueda, el marketing en redes sociales, la generación de clientes potenciales, la marca en línea y la publicidad en línea directa. Si bien las formas tradicionales de publicidad comercial, como los anuncios en periódicos y televisión, siguen siendo formas efectivas de llegar a clientes potenciales, una gran mayoría de personas encontrará las empresas que desean utilizar a través de Internet. Esto hace que las estrategias de marketing online valgan su peso en oro.

Las estrategias de marketing online han cambiado recientemente. Esto se debe a que Internet es un medio en constante cambio. Si desea ejecutar una campaña de marketing en línea exitosa, debe conocer estos cambios y estar al día con ellos. Recuerde el concepto de rodearse de expertos. Esta forma de marketing puede ser uno de los mejores ejemplos de cómo el uso de las habilidades de un experto puede ayudar a que su empresa tenga éxito. Considere la posibilidad de contratar a un experto en el mundo del marketing online.

98- Practica siempre las técnicas de marketing de sombrero blanco.

Hay dos tipos de técnicas de marketing online: técnicas de sombrero blanco y tácticas de sombrero negro. Las técnicas de marketing de sombrero blanco se consideran tácticas honestas que dependen del trabajo duro para lograrlo. Las tácticas de sombrero negro son formas de engañar al sistema. Estas tácticas utilizarán sistemas que roban información de los clientes de otros, que envían a los clientes potenciales mensajes molestos, usan ruedas de enlaces interminables y cargan el contenido de su sitio web con palabras clave en un intento de generar resultados falsos en los motores de búsqueda.

Los principales motores de búsqueda como Google tienen formas de encontrar personas que usan tácticas de sombrero negro y las castigarán severamente. Teniendo en cuenta cuántas personas utilizan

Google para localizar empresas, debe prestar atención a esta advertencia. Además, muchas tácticas de sombrero negro alienarán y molestarán a sus clientes, por lo que es mejor atenerse siempre al marketing de sombrero blanco.

99- Presta atención a las SERP.

Las SERP son páginas de resultados de motores de búsqueda. Estas son las páginas que aparecen cuando un cliente realiza una búsqueda en los principales motores de búsqueda como Google. La investigación muestra claramente que los espectadores en línea solo elegirán empresas y sitios web que se enumeran en la primera página SERP que reciben. Esto significa que si el sitio web de su empresa o los enlaces que conducen a su sitio web no aparecen entre los diez primeros resultados en un motor de búsqueda importante, la gente no lo encontrará.

El deseo de lograr altos rankings de SERP ha llevado a la creación de SEO u optimización de motores de búsqueda. Existe todo un mundo de marketing SEO y vale la pena dedicar su tiempo a asegurarse de que está optimizando su sitio web para obtener una clasificación alta. El SEO puede incluir cosas como generación de palabras clave, campañas de Ad Word, marketing de contenido, uso de redes sociales, construcción de enlaces positivos y conexiones con sitios web de alta autoridad. Este es otro lugar donde un experto en marketing online puede marcar una gran diferencia.

100- Usa las redes sociales.

Las redes sociales son enormes en el mundo en línea de hoy. Tus clientes están usando las redes sociales, por lo que tú también deberías hacerlo. Las redes sociales son una forma económica de promocionar su empresa, pero también son extremadamente útiles. Por ejemplo, puede utilizar varias plataformas de redes sociales para establecer su empresa como una autoridad en un nicho específico, conectarse directamente con los clientes, crear una imagen de marca para su negocio, resolver problemas de clientes, anunciar noticias y actualizaciones sobre su empresa y mejorar el servicio al cliente. Todo esto se puede lograr de manera extremadamente económica, lo que hace que el marketing en redes sociales sea muy importante.

101- Utilice el marketing de contenidos.

El marketing de contenidos es otra forma útil de marketing online que es a la vez eficaz y económico. Muchas empresas pasan por alto esta forma de marketing, lo que puede ser un gran error. El marketing de contenido puede incluir cosas como podcasts, libros electrónicos, artículos, videos, juegos y blogs. Pueden utilizarse para inspirar confianza y conocimiento sobre su empresa. De hecho, el 60% de los consumidores informan tener mejores sentimientos sobre las empresas después de leer una publicación personalizada sobre ellas. Solo asegúrese de que el contenido que produce sea de alta calidad, ya que el contenido de baja calidad hará que su empresa parezca poco profesional a los ojos de sus clientes y lo penalizarán los principales motores de búsqueda como Google.

Capítulo 9: La mentalidad del emprendedor

Existe una diferencia significativa entre las personas que inician sus propias empresas y los emprendedores verdaderamente exitosos. Muchas personas inician sus propios negocios, pero pocas personas realmente logran el tipo de éxito con el que soñaron al principio. ¿Cuál es la diferencia entre las personas que inician su propio negocio y los emprendedores exitosos? La respuesta es la mentalidad del emprendedor.

Pocas personas piensan realmente como verdaderos empresarios. Existe una diferencia entre crear un trabajo para usted y crear un negocio. Un negocio es algo que aún podría estar operativo si usted, el creador, se fuera. Eso significa que ha podido crear una entidad funcional, no solo un puesto de trabajo en el que hace todo el trabajo. Este es el tipo de mentalidad que debe tener si desea convertirse en un emprendedor verdaderamente exitoso.

La creación de una mentalidad emprendedora comienza desde el principio, antes de hacer cualquier cosa para poner en marcha su empresa. Significa tener una gran visión y pasión. Significa considerar cuidadosamente todo lo que quiere que sea su empresa antes de que exista. Significa transmitir su visión, sus sueños y sus principios a la empresa de inmediato. Debe hacerse preguntas significativas para poder concentrarse en algo más que las funciones diarias de la gestión de su negocio. Su negocio debe basarse en sus sueños, sus pasiones y sus principios. Ésta es la diferencia entre un trabajo y un negocio.

Además de cómo ve su negocio, también debe asegurarse de que su personalidad y su carácter sean apropiados para las luchas de ser un emprendedor. Convertirse en un emprendedor exitoso es un trabajo arduo y prolongado que requiere mucha dedicación. Algunos de los rasgos de personalidad y carácter necesarios para tener éxito en esta empresa incluyen habilidades organizativas, capacidad para manejar la presión, tolerancia al riesgo, un fuerte impulso mental, una naturaleza competitiva, una perspectiva saludable de la vida, una actitud positiva, decisión, paciencia, optimismo y pura fuerza. Este estilo de vida también requiere confianza en uno mismo y pensamiento independiente.

Es posible cultivar una mentalidad emprendedora en su vida diaria si aún no tiene una incorporada. Algunas personas están naturalmente diseñadas para ser emprendedores increíbles, mientras que otras tienen que desarrollar estos rasgos dentro de sí mismos. No importa cuál de estos dos ejemplos sea usted. Como ya ha aprendido, el verdadero emprendedor proviene de la pasión y el deseo. Si tiene la cantidad adecuada de pasión y deseo de lograr algo, entonces tendrá el impulso adecuado para realizar todos los cambios y modificaciones necesarios para que estas cosas se hagan realidad. Este es el arte de desarrollar la mentalidad de un emprendedor.

Tomar lo que ha aprendido e incorporarlo a su forma de pensar

Tener la mentalidad de un emprendedor significa incorporar todo lo que ha aprendido en su forma de pensar y actuar todos los días. Significa concentrar su energía en lo que es necesario para tener éxito en su vida, lo que incluye tener éxito en su negocio. El empresario exitoso hace lo necesario para hacer bien su trabajo. Esto podría significar practicar cómo enfocarse en los aspectos positivos, trabajar para superar sus fallas y aprender todo lo que pueda siempre que pueda aprenderlo.

Un verdadero emprendedor nunca está fuera de horario, aunque sepa cuándo trabajar y cuándo relajarse. La mentalidad de emprendedor se puede aplicar a todos los aspectos de su vida, no solo a cómo maneja su negocio. Esta forma de pensar se puede utilizar para mejorar sus relaciones con su familia y amigos, cómo desarrolla sus pasatiempos e intereses y sus habilidades de crianza. Los emprendedores son aprendices flexibles, competentes y capaces. No hay casi nada en esta vida que no puedan hacer o lograr, especialmente si hay impulso y pasión detrás de sus motivaciones.

Viviendo el estilo de vida emprendedor

Vivir el estilo de vida emprendedor tiene muchos beneficios. Para muchos emprendedores, este estilo de vida equivale a libertad, propósito y disfrute. También significa trabajo duro y motivación sin fin. El empresario exitoso vive para su trabajo. Esto no significa que su trabajo sea lo único en su vida, significa que su trabajo es la pasión de su vida. ¿Te imaginas despertarte todos los días para ir a un trabajo que te encanta y no puedes esperar para hacer? Este es el estilo de vida del emprendedor exitoso y es por eso que es de vital importancia para usted elegir algo que realmente le apasione.

El estilo de vida del emprendedor es también una de las principales razones por las que querrás experimentar esta asombrosa transformación. Es por eso que quieres hacer algo diferente y más significativo con tu vida. Ésta es la opción diferente. No es la "carrera de ratas" o la "rutina diaria". No es "trabajar para el hombre". Está trabajando para ti, por ti mismo y por lo que más aprecias en la vida. Es una elección de vida.

Disfrutando de su éxito

Con suerte, tendrá lo necesario para convertirse en un emprendedor verdaderamente exitoso y podrá esforzarse para lograr todo lo necesario para tener éxito. Si eres capaz de lograr estas hazañas, podrás experimentar lo que pocas personas en este mundo podrán sentir: la capacidad de disfrutar tu éxito en la vida.

Casi todas las formas de éxito traen consigo el placer y el orgullo del logro, pero pocas tendrán un sabor tan dulce como el éxito hecho por uno mismo. Es realmente asombroso poder ver su vida exitosa, que incluye su pasión, su sueño, su capacidad para vivir el tipo de vida que desea y su seguridad financiera, ¡y saber que fue usted quien lo logró! Muy pocas personas se pueden agradecer solo a sí mismas por la increíble vida que viven. Este sentimiento vale más que cualquier dinero o posesiones materiales que puedas imaginar. Es un sentimiento que solo se puede experimentar a través del éxito del espíritu empresarial.

El propósito de convertirse en emprendedor es tomarse el tiempo para detenerse realmente y disfrutar de su éxito. Si no es así, ¿cuál es el punto de todo su arduo trabajo?

Entonces, si cree que tiene lo necesario para asumir el desafío y desarrollar una mentalidad emprendedora, debe comenzar de inmediato el proceso para hacerlo. La buena noticia es que existen numerosas herramientas disponibles para ayudarlo en el camino. Desde dominar las habilidades básicas y los rasgos de personalidad de los dueños de negocios exitosos hasta aprender los puntos más finos del marketing de una empresa, existen cientos de miles de herramientas de aprendizaje para ayudarlo a lograr sus objetivos. Si está dispuesto a aprender el conocimiento, se le presentará fácilmente.

El mejor consejo que cualquiera puede dar a un aspirante a emprendedor es aprovechar el mundo de la información en el que vivimos y aprender todo lo que pueda siempre que pueda. Las personas inteligentes aprovechan todas las ventajas que pueden encontrar, y la gran cantidad de conocimientos disponibles es sin duda una ventaja considerable. Aprenda lo que necesita saber para convertirse en un emprendedor exitoso y luego cree una mentalidad dentro de usted que le permita realizar los cambios apropiados en su yo físico y mental. ¡No hay nada que no puedas hacer si te lo propones!

www.ingramcontent.com/pod-product-compliance
Lightning Source LLC
Chambersburg PA
CBHW071122240526
45465CB00022B/769